JN440310

리셋

오유균 시집

시인동네 시인선 091

오유균 시집

리셋

시인동네

시인의 말

써야 하는 이유는 모르면서 왜 써야만 살아지는 것일까…….

중독이라 하기에는 매 순간이 즐거울 만큼 가혹하다.

2018년 3월

오유균

차례

시인의 말

제1부

돌아올 발목 · 13
간국 · 14
라훌라, 라훌라(羅候羅) · 16
Reset, · 18
구지가(九之歌) · 20
무연고 하느님 · 22
W 507 · 24
포주의 방 · 26
엔드밀이 부러졌다 · 27
자목련 · 28
Single Block · 30
5분 · 32
백만 년 전의 프레스 · 34
RPM5000 · 36
격자무늬벽지 · 38
이상한 기하 · 40
네가 부른 해변 · 42

그램, 그램 · 44
불꽃놀이 · 46

제2부

슬랜드맨 · 49
주머니에 양손이 들어 있을 때 · 50
러시안룰렛 · 52
귀(歸) · 54
샴 · 56
아메바 · 57
스플릿 · 58
글라스캣피시 · 60
절벽의 나무와 우물 안 등 넝쿨 · 62
저녁으로 향한 방 · 64
Second life · 65
아직 깊다 · 66
입속의 바늘 · 67

흑잔등거미 · 68

얼룩 · 70

그 달이다 · 71

추락하는 위성 · 72

펜트하우스 · 74

잃어버린 봄밤 · 75

이 문을 열면 · 76

물고기 한 마리 · 78

제3부

0.01볼트 · 81

차력사 · 82

오래된 정면 · 84

이쪽으로 오세요 · 86

동백 · 88

불분명한 문장 · 90

두산 VM84 · 92

지구 세탁소 · 94

4.49층 · 96

골목에는 · 97

지금 · 98

데자뷰 · 100

오늘의 운세 · 102

느리게 · 103

어쩌면, · 104

코넬리아디란지 · 106

아싸, · 108

목련 · 110

우로보로스 · 112

스키드마크 · 114

해설 서정적 거리—삶의 또 다른 방식 · 115
김영임(문학평론가)

제1부

돌아올 발목

눈이 와 있다
눈 위를 밟고 간 발목들이 푹푹 빠져 있다

빠진 발목을 뽑아
다음으로 걸어간 발목

한 걸음, 한 걸음
처음으로 돌아올 발목이 있다
빠진 자리마다

깊고 검은 웅덩이가 있다
고양이, 개의 발목 곁에 내 발목을 꽂고도 가끔

아무 생각 없이 중심을 뽑을 때가 있다

눈이 발목을 덮는 동안을
지켜볼 때가 있다

간국

뚝배기 안, 토막 난
침조기가 제 몸을 우려내고 있다
벌건 고춧가루 밑에서
뾰족한 이빨을 드러내고 부글부글
웃고 있다, 남은 한쪽 눈으로
쭉쭉 빠는 눈을
올려다보고 있다
껍질은 너무 비려, 이쪽에서 저쪽으로
저쪽에서 이쪽으로 떠밀리는 거죽 밑을 뒤지며
한 점 한 점 떠내는 제 살을
바라보고 있다
식탁 끝
차가운 쇠그릇 속에서
식어 있는 제 뼈를 바라보고 있다
발목뼈가 옆구리에 붙고 머리뼈가
엉덩이에 붙는 순간순간을
골수 들어가는 입을
허연 눈알이, 끝까지

보고 있다

떠낸 거죽으로 눈알을 덮어두고

나는, 후— 후— 누군가의 거적을 들추고 있다

라훌라, 라훌라(羅候羅)

왜 자꾸 없어지지, 호주머니가

담배를 찾으면 불붙일
내 얼굴이
왜 자꾸 없어지지

초음파로 확인했는데
쓸개가
간이

다리가
머리가 왜 자꾸

없어지지, 송곳니가
심장이
손톱이

반은 벽에 기대 있고 반은

땅에 누워 있는 그림자, 부러졌나
나는

주어가
동사가

단 한 줄이, 왜 자꾸
없어지지

손가락으로 찌를
멍치가 왜 없어지지
자꾸

Reset,

두 시즌이 지나도 승이 없는 투수가 있다 두 시즌이 지나도 승이 없는 여가수가 있다 두 시즌이 지나도 승이 없는 시가 있다 밥을 먹지 않는 돼지가 있고 두 시즌이 지나도 밥 넘어가는 멱을 꾸역꾸역 따는 돼지가 있다

Reset,

녹지 않는 눈과 머리를 숙이고 다니는 꽃과 내리다 멈춘 비가 두 시즌이 지나도 공중에 있다 가수 치마가 훌렁 벗겨지고 환호채널과 야유채널 사이에서 터진 등은 두 시즌이 지나도 아물지 않는다 글러브 속에서 구종을 고르는 손가락이 있다 사랑이 뭐길래, 사랑이 뭐길래 두 시즌이 지나도 가수는 노래 한 곡을 무한 반복해서 부른다

수면제를 한 주먹 털어 넣고 아버지가 죽었다 어머니 입에는 다음 주먹이 물려 있다 그 일은 두 시즌이 지나도 썩지 않는다

Reset,

백만 스물하나, 형상기억합금, 둥근 에너지 버튼, 백만 스물둘 백만 스물세 번째 회로가 엉킨다 딱 2초만, 더도 말고 덜도 말고 딱 2초, 백만 스물넷의 직선 보간을 지나는 딱 2초

Reset,

두 시즌이 지나도 할례를 치르는 아이가 있다 잠지에 박힌 유리 조각이 있다 잠지를 닦아내는 소의 오줌이 있다 오줌과 섞여, 썩어가는 양손이 있다 전속력으로 달려가서 터진 머리가 있다 멀쩡한 벽이 있다 두 시즌이 지나도

구지가(九之歌)

1

라이터에 불이 붙지 않는다고 쌍욕을 하던 아버지는 딱, 아홉 개의 구름을 피워 올렸다 아홉 줄 소나기가 내리고 번개가 치고 맑아졌다

동네 입구에서 술에 취해 오줌을 바지에 붙여온 그날, 아버지는 구름이 되었다 내가 아홉 살이 되던 그해까지

딱, 아홉 번 서로를 불렀다 우리는

2

나보다 아홉 살은 어려 보이는 아버지와 복숭아나무 그늘에서 관 뚜껑에 못을 박는다 담뱃불을 깔고 앉아 서로의 얼굴에 오줌을 채운다

바람 불고 복숭아 꽃잎이 살을 스친다
벌어진 살 속으로 못대가리 앉는다

바지 속이 뜨뜻해진다

무연고 하느님

아침마다 벌건 미주알을 꺼내는 하느님
술독 때문에 치질을 앓는 하느님
산에 걸터앉아 나무들 이파리에
피똥을 묻히는 하느님
아침마다 회사 정문에 세워놓고
안전수칙 잊지 말고 온몸으로 실천하자
품질 없는 세계일등 바람 앞의 촛불이다
개 같은 하느님
사람이 아닌 하느님
사람이면 안 되는 하느님, 그래도
기댈 곳이라고는 당신밖에 없는 하느님
아무리 찔러도 끄떡없는, 정말

개좆같은 하느님
떨어지고 찌그러진 하느님
부르기 전에 와서 퍼 마시는 하느님, 뿌옇게 취해

똥구멍으로 비빈 곳을

수습하느라 수습하느라 밤에는 숨는
치사한 하느님, 그 하느님이 아닌
그 하느님

기어 내려와라, 현혹시키지 말고

술잔 속을 내 머리통으로 가득가득 메우는 하느님
개새끼야 한판 붙자, 식어가는 찌개에서 둥둥 뜨는 하느님
꺼지라고 하기 전에 잘도 꺼지는 하느님, 내가
푹푹 쑤신 젓가락을 꽂은 채

도망간 하느님, 그래도
그래도
나의 하느님

W 507*

30년을 살았다는 거
사랑하지도 않으면서 닦고 기름칠하고 조이며
아직 산다는 거, 당신은

나보다 빨리 마모된다는 거, 내 손과 당신이
당신 당신 당신을 여럿 죽였다는 거
사는 동안은 죽어라
깎아야 한다는 거, 여기서는
이렇게가 사는 거라는 거
알면서
알면서 칼로 깎고 고무망치로 치고 쇠망치로 치며
사랑한다는 거, 서로를
먹으면서 허기진다는 거

기름기가 빠지면 당신도 나를 버려야 한다는 거, 팔목 발목이 문드러지고
문드러져야 끝난다는 거

타임캡슐에 마주앉은 우리가 서로를
모른 척한다는 거

추억은
족히 300년 동안 기름 냄새가 난다는 거

핀다 불꽃이
불꽃을 짓이기면서

3000년 이제
다 채워 간다는 거

---

*밀링장비.

포주의 방

1번방에서교성이들리면6번방이화대를치른다
2번방에서교성이들리면5번방이화대를치른다
3번방에서교성이들리면4번방이화대를치른다
방과방사이내방이있다화대를치르는방이반대일수있지만
방과방사이내방이있다

밖이 없는 방이 있다, 풀이 자라지 않는, 칼도 자라지 않는, 벽도, 출구도, 변기 레버도, 위와 밑을 뒤집어 펑펑 털어도, 피우고 마신 악취가 빠지지 않는 방. 징그럽게 낮도 길고 징그럽게 밤도 긴 방에

취객은 들어온다

방을 휙 던진다
주사위처럼

엔드밀*이 부러졌다

1톤 트럭이 뒷다리를 질질 끌며 업혀가고 있다 페인트가 벗겨지고, 측면 유리창이 깨어진 채로 붙어 있다 오른쪽 와이퍼가 꼿꼿하게 세워져 있다 일그러진 면상 밑, 마스크 같은 번호판에 뭉친 빗물들이 떨어진다 신호등 앞에 멈춰 부들부들 떨고 있다 지면에서 하늘로 빗방울이 격렬하게 튀어 오르고, 한쪽 와이퍼가 연신 앞을 걷어내고 있다 사이사이 길이 보인다 가로수와 건물 하반신이 한 방향으로 흘러간다 하늘이 제 뺨을 야무지게 후려친다 두 쪽으로 쫘게 갈라진다 검은 하늘과 검은 땅 사이로 빠진 눈알을 덜렁거리며 트럭이 간다 간격을 유지하며 밀리듯이, 밀리듯이 사라진다

---

* 절삭공구.

자목련

깊게 들이마신 숨을 천천히

1/3을 보내고

정지.

가늠자 위에 핀 목표물, 눈과 눈 사이를

피가 튈 틈도 없이

뒤통수까지

눈이 마주치는 단 한 번

검지의 힘만으로, 44매그넘

명치의 정중앙

딱,

한 발

Single Block

1.
정규방송이 끝난 화면이 남았다

만사 궁금하지 않는 자세로 넓이와 깊이가 되어간다

2.
꿈이 꿈을 데려오고 꿈이 꿈을 데려다주는 꿈을 동시에 꾼다 육식하는 꿈과 초식하는 꿈은 한 울타리에 있고, 초식 꿈은 커다랗고 흰 동공을 가졌다 뒤 꿈이 앞 꿈에 들렀다 빠져나가면 앞 꿈이 마모된 채로 나머지를 꾼다 꿈에 뜸이 든다 머리에서 눈으로, 오른눈에서 왼눈으로 검은 쇳가루가 옮겨 붙는다

친구가 다녀간다 동생이 다녀간다 밥 잘 먹고 똥 잘 싸는 귀신도 다녀간다

3.
한 가지에 과일이 붙고 채소가 붙는 모습을, 밑동 안에 어린 새와 벌레가 동거하는 모습을

당신은 한 그루 더 심는다 아무 냄새 나지 않는 누구를

4.
차돌 같은 이파리를 단다

5분

바람이 나를 데리고 5분 앞서 간다 5분 뒤의 내가 나를 데리고 따라 걷는다 5분이 5분 간격으로 나를 버리고 간다 5분 간격으로 내가 낭떠러지로 떨어진다 5분 간격으로 내가 암벽을 쥐고 올라온다 5분만큼 머리를 숙이고 온다 경사면에서 파도가 터지고 있다 5분 입에 붉은 리트머스 종이를 물려 불을 붙여준다 흰 포말이 사라지는 5분,

5분이 지나고

5분이 5분 멱살을 잡고 간다 끊어진 길 앞, 5분이 이리저리 부딪히고 있다 5분이 절벽으로 떨어지는 5분을 내려다보고 있다

5분,

5분이 간다 두 눈을 삶으며 간다 5분 5분마다 걸음을 멈추고 5분 5분마다 실성한 웃음을 끓인다 머리 위에서 머리가 끊임없이 돋아나는 5분, 5분이 5분을 걷어차며 간다

태양의 머리가 잘리고 있는 홍건한 일몰, 절벽에 5분이 서 있다 5분 손에 5분 손목이 쥐어져 있다

백만 년 전의 프레스

교미를 마친 사마귀, 첫 번째 식사가 있다
핏물쯤이야
벗기는 자가 있다

무기(武器)를 주고
무기(無期)를 받는 자가 있다

대형 전지가위를 벌려 울대에
들이대는 자가 있다

대흉근과 식도가 발달한 자의, 가윗날에
빳빳하게 세운 목을 끼우는 자가 있다

들이미는 자의 손에
시뻘건 머리통이 수십 개 쥐어져 있다

머리통을 먹고 머리통을
누는 날이 있다

항문에 붙은 마블링이 식탁에 옮겨 붙는
아침이다, 눈구멍은

몇 번 핥아줄까
좌우로 문지르는 50번 사포가 있다

그 입이 물어 가고
물고 오는 검은 머리카락이 있다

윗니와 아랫니 사이에서 당신과
내가 으깨어지고

있다, 눈을 뜬 채

RPM5000

점 A에서 점 B.
분당 이송속도 300MM. 정회전. RPM5000.
직선으로
최대한 단순하게

아무 생각 없이
매일 육식하는 쇳덩이
입술을 허옇게 벌리며

희망 또는 절망
그때도 몰랐고 여전히 모르는

점으로부터
점

4행정 기관
쇠를 물고 도는
흡입 압축 팽창 배기 흡입 압축 팽창 배기, 더는

안 된다는 듯이 공구가 부러지고
절삭유가 작업등에 튀어 오른다, 절삭유가
얼굴에 튀어 오른다

수박 속
벌건 살에 박힌 천 개의 까만 씨를 보겠다는 듯이

일순간, 중심을 쪼개고 간다

격자무늬벽지

고양이 발톱이
추상적으로 그려진 그림, 그래서
머리를 사선으로 기울이고 보는 그림

발톱 밑에
발톱이 끊임없이 자라는 그림
발톱에 꽂힌 새의 머리가
입도 없이 밤새도록 지껄이는 그림

어항 속 죽은 금붕어와 눈과 마주치는 그림
주둥이에서 돋은 부리가 사방을
찔러대는 그림

달리는 말[言]에서 자음과 모음이 떨어지는 그림
부러지고 뒤섞여, 귀가
말하면 입이 듣고 끄덕이는 그림

모닥불 가까이 둥글게 앉은 귀신들이

손뼉을 치면서
제 얼굴을 태우는 그림

비명을 환호처럼, 환호를 비명처럼 질러대는
불 속으로

뽑으면 자라고 뽑으면
자라는 팔을 던지는 그림

빈 의자가 공중으로 떠 있는 그림
위도 아래도
오른쪽도 왼쪽도 아닌 곳으로
의자가
저벅저벅 멀어지는 그림

이상한 기하

창문 밖의 창문, 창문 밖의 창문을 열어도 창문이 있다. 불투명한 창문들은 수없이 일어나 다리를 꼬고, 찡그리고, 박수 치고—다 읽었다는 듯이, 별 볼일 없다는 듯이

온다. 바뀌지 않는 네모, 반듯한 틀의 외부를 통해

창문들은 온다. 닫으면
닫아야 할 백 개를 남겨두고

열면 열어야 할 백 개를 보여주며, 창문은

창문에 붙어
시커먼 누군가의 발목을 잡고 있다

유리와 나무와 손잡이는 서로를 끝까지 물고, 열리지도 닫히지도 않는 백 개의 몸속에서 깨어지고 깨어져

시커먼 누군가를 수없이 열고, 닫고

창문에 세운다. 유리도 나무도 손잡이도 없는 거울 앞의 누군가를, 쭉쭉 빨면서 떼고, 늘리고, 틈마다 끼우면서

밖에서 밖으로 안에서 안으로 창문을 민다. 유리와 나무와 손잡이들은 질문하고 절망하고 대답한다. 복사되는 거울처럼.

네가 부른 해변

내가 해변을 부른 줄 알았어
모래 파도가 휘청거리는 해변
아직도 조개들이 깔깔거리고
물고기들이 황급히 방향을 바꾸고 있는 해변

푸른 아가미를 벌름거리는 해초 사이로
아직도 우리가 걷고 있는 줄 알았어
떨어지는 해 쪽에서 지워지는 우리를 보며
팔짱을 끼고 말이야

언제까지 해변에 바람이 불까
발이 모래 밑에 닿는다고
팔짱을 더 당기며 오빠!
뚝 팔 하나를 던져준 줄 알았어

도배를 해, 방 가득 물고기를 풀어 놔
천 번의 해가 또 지겠지만 걱정 마
물속의 방에서 나도 웃으며

손목을 잘라 흔들게, 오빠

그램, 그램

210그램의 흰 살코기가 버려지고 있다
딱 반,
119그램의 발자국이 생기고 딱, 반
14그램의 살코기가 빠져나간다

211그램의 살코기가 눈[目] 밖에서 눈[目] 안으로 내리고 있다
14그램의 살코기에 웅덩이가 생기고
웅덩이에 빠진 14그램을
바라보고 있다

5그램이 5그램을 만져보고 있다
2그램이 2그램을 만져보고 있다, 어쩌면

4그램 아들과
0.1그램의 아버지가 쪼그리고 앉아
서로를 만지고 있다

212그램이
이 얼굴에서 저 얼굴로, 저 얼굴에서
이 얼굴로
흩날리기 시작한다

불꽃놀이

핏줄이 터져야 꽃이라니!

머리통이 박살나야 절정이라니!

이것이, 놀이라니!

제2부

슬랜드맨*

마법사가 아이를 입속에 넣는다 나도 아이를 입속에 넣는다 잠시 후, 마법사는 아이를 뱉는다 나는 뱉어지지 않는다 마법사가 또 다른 아이를 입속에 넣는다 잠시 후, 내가 삼킨 아이를 마법사가 뱉는다 눈이 없고 귀가 없고 뭉개진 코에서 아이의 안경이 미끄러져 내린다 장막 뒤에서 마법사가 삼킨 아이가 걸어 나온다 관중석에서 마법사가 삼킨 아이가 걸어 나온다 내가 걸어 나온다 길고 흰 지팡이를 휘휘 저으며

나는 죽는다 꿈이라서 불행한 주검이다 아이가 구멍 없는 목관악기를 불고 있다 구멍이라는 구멍은 막히고 있다 그 구멍으로 밀봉된 아이가 넘어간다 신발을 들고 웃는 아이가 들꽃 앞에 앉아 있다

툭,
아이의 안경이 기어코 떨어진다

---

*미국 괴담.

주머니에 양손이 들어 있을 때

1.
회오리바람이 분다

2.
오리 뒤를 오리들이 졸졸 따라간다 소리만 질러도 가족 같다

사람보다 큰 종이비행기를 접을 때
양발을 벌리고 앉을 때

한순간 비상하는 직종

절벽에는
뿌리가 일생 발톱으로 진화하는 나무가 산다

3.

코끼리가 떠오르고, 기차가 떠오르고, 콘크리트 기둥과, 불꽃 거리

거리가 공중에서 부딪혀 부러진다
이것들이 도무지 가라앉지 않을 때

머리 붉은 악어새가, 온다

러시안룰렛

회전하는 동전이 있다
엄지손가락으로 튕긴 동전이
앞과 뒤를 결정하기 위해 공중에 있다
지면에 닿을 쯤 다시 떠올라
돌고 있다, 무수한 발바닥이 빛나고 있다
사지를 저으며 동전은
떠오르고 있다, 눈먼

당신이 발사되고 있다
손을 잡고 싶은데 그제야
구멍 뚫린 당신을 여섯이나 꺼낸다
당신 관자놀이는 게보린 같다
눈알 두 개가 회전하는 게보린
치통 앓는 표정을
생리통 앓는 표정을 감추고 있다
당신 한 방
살았다면 나 한 방
우리에겐 무엇이 죽어줄까

오후 세 시
상현달이 뚫려 있다
거실 벽에 비스듬히 기대고 있다
눈을 감고 머리 뒤로 양손을 넣고 있다
베란다 창에 붙어 펄럭이고 있다
추락하고

추락하고 있다, 사지를 버둥거리며 동전은
공중에서 몰두하고 있다
패를 다 안다, 당신
패를 다 안다고 하기엔 이른 밤이다
사막은
자전을 끝낼 것이다

동전이 돌고
있다

귀(歸)

빈방에 누워 눈을 감으면 귀가
자란다, 떠다니는 입들
저 입들 속에 내 입이 있었을까

머리를 돌리면 입에서 장기들이 쏟아질 거야
장기가 있었나?
코 밑에 붙은 두 발
눈썹 위에 달린 쇠뭉치

움직이면
썩어 떨어지는 뭉치에서
항문과 성기는 여전히 자라고 있을까
캄캄한 입속에 들어 있는
수천의 귀

직장은 다니고 있었을까
아이를 낳았을까
자꾸자꾸 자라는 귀로

귀만 있는 내가

어쩌자고 침묵을 또 만들었을까

샤

뒷발에 힘을 주고 그림자를 뽑는 개

머리와 몸통이 없는 개

씹을수록 질긴 개

앞서거니 뒤서거니 뛰어다니는 개

오래된 개

꼬리 두 개인 개, 흔드는 방향이 다른 개, 제 이름을 애써 부르지 않는 개, 그 이유를 묻지 않는 개, 손등에 볼을 비비다 잠드는 개, 어떻게 어떻게 살아가는 개, 살아가는 개가 더 무서운 개, 개를 어디서 만났는지 모르는 개,

아메바

먹는 족족 설사를 합니다 더럽다 더러워, 몸이 몸을 떠나고 싶어 들들 볶습니다 몸이 떠난 크기만큼 빈 몸이 남겠군요 빈 몸 곁에 누워 움직이지 않겠군요 손끝 하나 닿지 않도록 주의하면서 반듯하게 눕겠군요 꽤 나란한 일일 겁니다

천장에는 천국에 관한 한 편의 영화가 끝나고 다음 영화가 상영되고 있습니다 고양이가 제 몸에서 쥐의 이빨을 뽑아내며 낄낄낄 웃는 천국, 이봐 통성명 정도는 하고 가야지 장소를 바꾸어 가며 부어라 마셔라 새벽까지 술잔이 돌아가는 천국에서, 벌건 해장국에 처박은 머리를 건져내는 천국에서, 머리 없는 아침이 오고 다리 없는 아침이 옵니다

건배 건배 쭉쭉 뻗은 손과 손이 닿을 때마다 입에서 서걱서걱 소리가 납니다 누가 뒤에서 활시위를 당깁니다 등을 뚫고 장미가

날아갑니다, 태양이
붉어집니다

스플릿

강에서 나를 건지고 싶은데

연인들이 강둑에서 깔깔깔
좋아 죽는데

확, 밀어버리고 싶은데

단풍나무 아래 귀신
혼자 걷는데

무더기 별이 죽는 하늘로
죽으러 가는데

다리는 몸 밖을 걷는데

누구라도 부르면 덥석,
잡고 싶은데

주머니에 손 넣은 귀신과
귀신이 걷는데

불 꺼진 방에 앉으면 술 취한 귀신이
겁탈할 것 같은데

여기저기
떨어진 얼굴이 흩어질 것 같은데

글라스캣피시

우리는 어느 날 태어났고, 어느 날 죽을 거요. 같은 순간에,
빛은 잠깐 반짝이고, 그러고 나면 다시 밤이 오지.*

말기 암을 앓는 나를 병실 침대에 뉘어놓고 멀쩡하게 술을 마신다 메스가 몸을 지퍼처럼 여닫을 때에도 등산을 하고 낚시를 한다 가끔 중환자실의 내가 궁금해지면 선물용 베지밀 상자를 들고 간다 까맣게 말라 있는 나를 나는 위로하지 않는다 침대에 붙은 보호 철재를 붙잡고 기도하지 않는다

피부 밑 힘줄을 드러낸 오늘, 골반을 톱질한 오늘, 우지직 두개골을 젖힌 오늘, 식은 심장을 연 오늘, 병실 여기저기에 환영처럼 서서 오늘, 오늘, 오늘의 컵라면을 쩝쩝거리며 먹는다

내가 내 꿈을 꾸는 동안 겨울에는 두터운 외투를 입고 몇 남지 않은 머리카락을 빗어 뒤로 넘길 것이다

슬리퍼와 추리닝 차림으로, 빈손인 나를 끌어낼 때까지,

아랫입술에 붙어 양손을 비비고 있다 피 냄새에 꼬인 파리처럼

---

*사뮈엘 베게트.

절벽의 나무와 우물 안 등 넝쿨

병원 복도 끝
신용카드 수리점이 있다
돋보기안경을 코끝에 얹어놓고
녹슬고 휘어지고 부러진 것들을
롱로우즈로 비틀고 있다
사내가 몸속에서 팔을 넣었다 빼내고 있다
짧아졌다 길어지는 공구를 들고
붙었다 사라지는 머리를 끄덕이며
막판과 막판을 연결하고 있다
전등 아래, 구멍 난 곳에서 아들이
코를 잡고 나온다
아들 얼굴에 사포질을 한다
한쪽 바지 속이 비어 있는 사내는
무릎에 놓인 아들 얼굴에 본드를 바른다
사내가 바지를 잘라 붙인다
그만, 앉아 있던 방석에 본드를 쏟는다
방석을 들고 지붕 위로 올라간다
캄캄한 것들은 사내가 널어둔 방석들이다

하늘에 꽂아둔 삽을 젖힌다
허연 뿌리들이 끊어진다

저녁으로 향한 방

버렸던 다리가 나보다 먼저 현관에 도착했다 또각또각 정수리를 찍으며 따라오던 십 분 거리의 비, 관자놀이에 꽂힌 식칼을 비틀고 있는 검은 포자들, 도무지 열리지 않는다고 전후로 악령 같은 못이 흔들린다

날마다 실패한 별이 뜬다 별을 뱉으며 달이 여윈다 웃자란 목을 만지는 동안 팔도 여윈다 이쪽을 누르면 밤의 저쪽이 불룩해진다 나사골을 따라 달이 흐른다 절뚝절뚝 못은 핀다

밑이 넓은 반지하

무덤의 반원은 땅속에 걸려 있다 땅에서 하늘로 비가 내린다

손잡이를 잡으면 허옇게 분칠한 백골이 묻어나온다 사흘 동안 비가 내린다 사흘의 비가 시작된다

Second life

얼굴을 부수기 위해 얼굴을
내어준 당신이

마우스피스를 입에 물고

포효하고 있다

바닥을 치며
울부짖고 있다

두 주먹을 들고
떡사발이 된 입으로
기념촬영을 하고 있다

피범벅이 되어
옥타곤을 뛰어다니고 있다

아직 깊다

달이 구름을 광목처럼 두르고 소리를 지르고 있다 달의 허리가 휘어지고 있다 절정에서 절정으로 날아가는 고요, 달의 입에서 별들이 쏟아진다 이파리 하나 없는 나뭇가지에 꽃들이 내려와 매달린다 색도 크기도 냄새도 모양도 다른, 꽃들이 이를 시려 한다 실금이 가던 하늘이 깨어진다 너는 아직, 깊다

입속의 바늘

한낮, 강길 걷다 낚시하는 중년 부부를 본다 망태기가 보이지 않아 손질만 넣었다 빼는 줄 알았는데 잡은 물고기 놓아 주고 다시 낚시를 한다 쪼그리고 앉아 있는 그의 아내가 홑이불을 당기고 있다 오월 강바람이 여윈 그녀 등으로 힘없이 흐르고 굽은 강 허리를 밟고 있는 사내는 물속 깊이를 헤아리는 듯 말이 없다 사내가 건져 올린 입속에서 바늘을 뽑는다

오래전 저 바늘을 보았다 아버지 상여 따라 강길 걷다 말고 어린 내 이름을 부르며 울던 어머니 입속에서 나는, 휘어진 바늘이었다 깨물면 깨물수록 깊어지는 바늘이었다

강을 바라보는 입속에 모두 바늘이 꽂혀 있다

바늘들이 반짝인다

흑잔등거미

달덩이가 창에 붙어 누런 진액을 흘렸다 어머니는 마른 풀잎 같은 기침을 자주 뱉었다 그때마다 등잔불이 가늘게 흔들렸다 밤이면 대숲이 빈 몸으로 울었다 돌아누운 어머니 등은 무덤처럼 둥글고 검었다

해 질 무렵, 어머니는 마을로 내려가 기울어진 달을 이고 올라왔다 휘어진 산길을 돌아서면 바람이 나무숲에서 스스슥 소리를 내었다 산새는 검고 깊게 울었다 부른 노래를 또 부르며 어머니 옷자락을 잡고 걸었다 가끔씩 바구니에 담긴 달이 흘러 어머니 얼굴에 줄을 쳤다 내가 아는 노래는 너무 짧았다

낯선 도시 떠다니는 동안 닿지 않는 나를 향해 줄을 내리고 기어 다니며 기다림을 익혔다 허공에서 길을 놓친 그날, 햇빛이 들지 않는 습한 방에 담겨 둥글고 검은 울음을 울었다

골목 돌아서서 벽을 후려칠 때
낮게 걸려 있는 집 한 채

턱을 박고 체액을 빨고 있는 내가 보인다
어머니가 몸을 푼 집
오그라드는 몸에서 내린 저, 질긴
줄

얼룩

시외버스, 곰보빵 가게 앞
아이를 업은
아이 머리가
진열장 쪽으로
오전 10시 5분만큼 기울어져 있다

아이 등에서 잠든
아이 머리가
오후 10시 5분을
째깍째깍
통과하고 있다

깍지 낀 누이 손이

엄마가 올 때까지
벌어진
시침과 분침을
절묘하게 붙들고 있다

그 달이다

대문을 차고 나가 산길에 앉아 보던 달이다

꿀꺽꿀꺽 목구멍을 잘라 먹던 반 쪼가리 그 달이다

익사한 달, 누런 대가리에

죽어라, 어서 죽어라 짱돌을 던지던 달이다

살아라, 제발, 제발, 제발,

흔들었던 반 쪼가리 그 달이다

추락하는 위성

두 손은 허리에 얹고

오른발 한번
왼발 한번

땅을 밀듯이
칼로 베듯이

입술을 그리듯이
서로의 목을 지나듯이

거꾸로 매달린 박쥐처럼
앞만 보면서

슬쩍슬쩍 버리듯이
달려도 달려도
앞과 뒤가 한꺼번에 사라지듯이

눈사람, 또는 그 사람
하체부터 사라지듯이, 부풀어 오르듯이

싱싱한 엔진을 달고 우주로 솟구치는 위성
다시는

다시는,
돌아보지 않겠다는 듯이

펜트하우스

내 집인데

아이들이 떠난 404호는 오래된 땅속이다. 죽은 냉장고가 살아나는 기적도 있지만 귀가 썹힌다. 쩍 벌린 가랑이 사이로 날아온 새가 정수리로 빠져나가고, 텅 빈 낭떠러지, 끝도 밑도 없는 낭떠러지가 입을 벌린다. 그 입에 식은 밥을 쌓아 올린다. 숟가락이 목에 붙고, 입술에 붙고, 숟가락이 눈에 붙어 꾸불꾸불 녹아내린다. 희뿌연 사람들이 벽에서 나와 벽으로 들어간다. 안개가 두꺼워진다. 철컥, 죽었던 냉장고가 살아서 돈다. 백 년 전에 닫힌 철문 밑으로, 손 하나가 우유를 세워놓고 간다.

잃어버린 봄밤

쥐가 뛰어다니는 밤이다 뒷목에 칼집이 새겨지는 밤이다 멱이 따진 그대로 퍼덕이는 밤이다 쓰레기통에서 입을 뻐끔거리는 밤이다 누가 쓰레기통에 머리를 넣고 칼끝으로 아가미를 뒤지는 밤이다 못에 대가리가 꽂혀 껍질이 당겨지는 밤이다 입 같은 항문, 항문 같은 입을 쩝쩝거리는 밤이다 심장 세 개가 식는 동안을 지키는 밤이다 흰 수건에 흰 칼을 닦는 밤이다 얇게 떠낸 살이 살 위에 붙는 밤이다 왼눈을 감기면서 오른눈을 벌리고, 오른눈을 감기면서 왼눈을 벌리는 밤이다 생살 덩어리를 마른 수건이 감싸는 밤이다 쥐의 눈동자와 마주치는 밤이다

---

* 김언희 시를 차운(次韻)함.

이 문을 열면

이 문을 열면 세 겹 네 겹 속옷을 껴입는 그녀가 있다 이 문을 열면 귀가 백 개 달린 나무와 다리가 천 개 달린 안개를 씹었다가 뱉고, 뱉었다가 씹는 뿌연 등(背)이 있다

당신은, 똥을 굴리는 곤충과 곤충을 먹는 똥과 공생하고 있다

발이 닿지 않는 바닥과, 짚으면 팔이 빠지는 벽과, 찐득찐득 달라붙는 거미줄이 이 문을 열면 있다 너무 어린 당신과 늙어 한물간 당신, 멱살 잡힌 그대로 거미줄에 매달려 흔들리고 있다

벽을 붙잡고 일어서는 뼈다귀가 있다 이 문을 열면 해골 속에서 구르는 눈알이 있고, 쩝쩝 입맛 다시는 송곳니가 있다

남묘호렌게교 남묘호렌게교 엄마 배고프다 밥 줘, 엄마 배고프다 밥 줘,

뱀의 입 밖으로 당신은
얼굴을 내어놓고 웃고 있다, 오늘은

오늘은 어떤 비늘을 입어줄까

당신 등에서 시작한 까만 동굴이 돌고 돌아 당신 등으로 들어가고 당신은, 하반신을 옆구리에 낀 채 둥글고 긴 것을 입에 물고 있다

물고기 한 마리

물 밖,

시멘트 바닥에서 퍼덕거리는 물고기 한 마리

파리들이 구석구석 키스하는,

손가락 두 개로 꼬리를 집어 올린 물고기 한 마리

찍을 테면 찍어, 웃어 줄게

(참치~) 어때, 싱싱하니?

제3부

0.01볼트

살지도, 그렇다고 죽지도 않는 40볼트, 열심히 펑크 난 30볼트, 베개와 물병과 반바지가 필요한 20볼트, 도망은 꿈도 못 꾸면서 부유하는 80볼트, 시작 또는 끝을 질문하면 머리채를 잡아 위아래로 흔드는 70볼트, 아니야 이건 아니야, 몽둥이가 심장을 들고 치는 50볼트, 시간마다 너는 혀를 뽑아 건너편 벽에 바르는가 왜, 숨을 삼키면 눈알이 볶은 콩처럼 튀는 10볼트, 사형수가 필히 덮어 쓰는 60볼트, 여태껏 사랑하고도 아직 찌꺼기가 남았습니까, 알아들을 수 없는 말이 명치를 찔러대는 90볼트, 머리통은 두고 몸통은 버린, 이윽고 공포가 가벼워지는 5볼트, 누군가 얼굴에 뱉은 침을 두고 두고 내 눈이 핥아내는 1볼트, 1볼트, 1볼트들이 손가락 끝으로 옮겨 와 바들바들 떨리는 0.1볼트, 초고압 0.01볼트,

차력사

차력사가 못을 각목 위에 세우고

내려친다

손바닥으로, 마빡으로

내려친다, 나는

나를,

불꽃을 일으키는 망치가 벽에

철근이 십자가처럼 잡고 있는 콘크리트 벽에

콘크리트 전용 못을

붉은 꽃무늬 벽지가 찢어진 벽지 위에서

쉰이 넘은 헐렁한 구멍에서

부러지는 못을

대가리 터지는 못을

내려친다, 나는

불꽃을 일으키려, 마빡으로

나를,

오래된 정면

치켜든 머리가 있다, 죽어서도
웃는 머리가 있다

줄을 서서 큰절을 하고
뒷걸음으로 물러나는 머리가 있다

손바닥보다 큰 상추 위에 쌈장과 마늘을 얹고
서로의 안부를 우적우적 씹으며
묻는 머리가 있다

입가에 쌈장 묻은 줄 모르고
화살표 같은 나무젓가락을 제 명치 쪽으로 놓고
서로를 바라보는 머리가 있다

흰 종이컵에 소주를 붓고
제 웃음을 받아두겠다는 듯이
제 웃음을 삼키겠다는 듯이 찡그리는 머리가 있다

구멍이란 구멍에
지폐를 꽃처럼 꽂은 머리가

목에 톱질 자국이 있는 머리가
정면에서 이빨을 보이며
웃고 있다

이쪽으로 오세요

우울한 머리
오프너로
따
드릴게요

가부좌를 틀고
손가락 사이에 목을 끼우세요

눈감지 말고
목과 어깨를 쫙 펴세요

잠깐입니다만
좌우로 흔들어보세요

출렁거리는 것은 피가 아니에요
그렇다고 살도
뼈도

탁,
켜드릴까요
꺼드릴까요

살면서
주차 도장은 받으셨나요?

정문을 나설 때
이마에 Tecty1 506*은 바르고 가세요

---

*장기 방청유.

동백

붉은 동백, 또 피었다

동백 앞에 서서

이제부터

그만 붉어도 된다고 말했다

동백은

목 하나를 발아래 떨어뜨렸다, 이제

한꺼번에

죽어도 된다고,

피지 않아도 된다고 말했다

흔들리지 않으려고 동백

손가락 마디마디를

부르르 떨었다

불분명한 문장

아홉 시가 오후인지 오전인지 알 수 없고 문인지 서랍인지 알 수 없다 닫았다인지 닫혔다인지 알 수 없다 어디부터 어디까지 이동되다에 동의할 수 없다

덩치 큰 건물과 늘씬한 건물 사이에서 시작했고, 인부들이 철근을 놓고, 시멘트를 붓고, 물 뿌리는 밑을 지나 건물들이 눈에 불을 켜고 섹스를 찾는 어둡고 두꺼운 골목으로 돌아와 있다

다녀왔고, 그곳이 밖인지 안인지 알 수 없다 잠깐인지 오래인지 알 수 없고 최초로 떠난 것인지 최초로 돌아온 것인지 알 수 없다

시멘트 속에서 단단하게 굳어가는 철근인지 파헤쳐진 흙에서 처음으로 대가리를 드는 잡초인지 알 수 없다

아픈 머리가 타인의 통증인지 알 수 없다 귀를 막고 귀를 기울이고 있다 신의 것인지 인간의 것인지 타인의 것인지 내

것인지 알 수 없다

목에 쇳덩이가 반지처럼 끼워져 있다 열 개의 행성이 찌그러지고 있다

두산 VM84

간다
2007년산 두산 VM84 CNC 밀링

몸값 2억짜리 진주색 쇳덩이가

팔이 부러졌는지
이빨이 부러졌는지 모르고

평생

모르는 것도 모르고

간다

낮게 포복한 페이스커터가 한 입씩 쇠를
물었다가
뱉으며

간다

밀링은 내 눈을 피하고 나는
밀링 눈을 피하고

바늘 끝에서 거미줄을 움켜쥔
팔 하나가 풍향계처럼

돌아간다

지구 세탁소

옷걸이에
사람들이 줄지어 걸려 있다

남자도 여자도
흰 것도 붉은 것도 가슴을 펴고
같은 높이에 걸려 있다

착 달라붙은 호주머니를 보니
무일푼들이다
봉투가 없는 민얼굴들이다, 그 얼굴로

결혼식 하객처럼 웃고, 악수하고 있다
막 전생에서
현생으로 왔거나 지금
이승에서 저승으로 건너갈 차림으로

빈손이
빈손을 잡아주고 있다

탈탈 털어도 먼지 한 톨 없다는 얼굴로
세탁기가 돌고
다리미가 뜨거운 김을 뿜는 과정을
경청하고 있다

주인이 긴 대나무 작대기로 사람과 사람 사이에
한 사람을 걸고 있다

4.49층

지금도 아버지는 천장에 산다 4.49층에 산다 내가 죽여 선반에 넣었다 대못질을 하고 부적을 붙였다 어머니는 더 억척스럽게 일했고 밤에는 내가 품는 여자가 되었다 문득 잠에서 깨면 어머니는 내 가슴에 걸터앉아 내려다보았다 치렁치렁한 머리카락이 내 목을 향해 있었다 어머니는 눈도, 코도, 입도 없었다

검게 마른 아버지를 버리지 못했다 아버지 머리가 담긴 상자를 들고 이사를 다녔다

아버지는 간혹 상자에서 나와 화장실 거울 속으로 외출을 했다 소변보는 내 얼굴을 빤히 보다 눈이 마주치면 거울 깊은 곳으로 사라졌다

사각형 방으로 돌아와 누우면 따닥따닥 말라가는 아버지 냄새가 났다 나보다 먼저 상자로 돌아와 벽을 긁었다 벽이 휘어지고 있었다

골목에는

얼굴을 빤히 올려다보는 바닥이 있고, 꼬챙이로 파낸 이름이 내 얼굴을 덥석 물고 흔드는 바닥이 있고

하늘을 뒤지면 군데군데 푸른 바닥이 있고, 늦은 걸까 더 떨어질 곳이 있는 바닥이 있고

지나가는 벌레를 끝까지 따라가 짓이긴 바닥이 있고, 넝쿨장미가 피 흘리는 바닥이 있고, 죽어 죽어 얼굴을 뜯어내는 바닥이 있고, 발로 짓이겨도 그 밑에 바닥이 있고

점점 또렷해지는 바닥이 있고, 아닌 척 모르는 척 괜찮은 척 침을 뱉고 십 원짜리 욕을 해주는 바닥이 있고

벌써 나는 다녀갔구나

두통이 터져 머리뼈가 보이는 바닥이 있고, 벌떡 일어나 어둡고 긴 혀로 눈을 핥는 바닥이 있고, 일단 웃음부터 물고 보는 바닥이 있고,

지금

화탕지옥은
받아줄 것이다
질문도 하지 않을 것이다
생니 뽑듯
머리를 뽑을 것이다
목에 붙어 내장이 끌려 나올 것이다, 염도 없이
가마솥에 던질 것이다
해골에 잇몸만 붙여놓을 것이다
산 채로 끓을 것이다
쇠창살이 휘휘 저을 것이다, 여기저기가
벌겋게 우러날 것이다
거품을 걷어내면 시커먼 기름이 떠다닐 것이다
어미가 못 알아볼 것이다, 내가
어미를 마신 것처럼
어미가 마시고
손등으로 입술을 훔칠 것이다
개가 두 앞발로 누르고
뜯는 것이 두개골일 것이다

개의 입에서
질질 흐르는 것이 내
웃음일 것이다

데자뷰

1.

구미호가 산다 입에서 입으로 구슬을 넣어주는, 친절한.

2.

먹어봐. 둥글고 노란 지옥 맛이야. 깨물지 말고 굴려. 혀 위에서 천천히.

3.

윗니와 아랫니에 붙어 쭉쭉 늘어나는 엿 같은 당신은 눈에 붙었다가 가슴에 붙는 일종의 이동식 화장실. 물기를 짜낸 걸레의 식감. 천국이든 지옥이든 오래 살면 살 냄새가 나지.

4.

뱀이었다가 나중에 사람이 된 나는, 딱히 사람이 뱀보다 나을 건 없지만 그래도, 전신이 식도. 먹어야 살지.

5.

수류탄 파편처럼 오는 감칠맛. 바람 불고 땅에서 떠오르는 흰 눈, 입속 어느 언저리에서 뱀과 뱀이 둥글게 몸을 말 때, 부피가 부피를 녹일 때, 혀가 혀를 뒤집어가며 맛볼 때의, 담백(淡白). 그게 유리 맛이다.

6.

달을 띄워줘. 어르고 달래고 협박한 달. 숨통 숨통을 건너뛰며 끊어줄게.

오늘의 운세

축 처진 젖통을 꺼내놓은 당신, 선풍기 앞에서 부채를 흔드는 당신은 표정이 없다 당신의 메리야스, 담뱃불이 뚫은 구멍처럼 헐렁한 저녁이다 벌써 몇 번째 화투점인가 마당에 선 나무가 장독대를 지나 부엌 지나 산으로 올라가고 자꾸 달라붙는 팔월 달밤에 임은

새우 꼬리를 한 멧돼지, 발톱 두 개 괴물, 괴상한 부적을 들고 허리를 꺾은 반 쪼가리 달빛, 비 오는 서천에서 퉁퉁 불은 발을 빼고 있는 12월의 바람, 선풍기 등에서 불어오는 동짓날의 그 밤

혓바늘이 돋은 두꺼비 등에서, 열이 펄펄 끓는 단풍나무 아래서 목을 댕강 끊어놓은 이,별의 슬픔을

뱀의 입으로, 개의 입으로

느리게

밤이, 눈을 뜬 채 잔다 몸부림을 치면서 잔다 돌아누우면 어느새 내 얼굴 앞에 있다 얼굴이 희고, 입이 없는 밤이 누군가의 꿈속을 다녀온 것처럼 슬픈 표정으로 잔다 귀가 터질 것 같은 고요 속에서 밤이 자는 모습을 보고 있다 불을 켜놓고, 아무 말없이

밤에 손가락이 닿으면 빗방울 크기의 유리조각이 묻어나온다 끝이 둥근, 여기도 저기도 아닌 곳에서 홀로 뒹군 것들이 반짝인다 자일 모양의 얼룩이 보인다 밤이 느리게 무너진다

어쩌면,

평생 약을 먹을지 모른다, 한 주먹씩
끼니 앞뒤로 챙겨 먹을지 모른다
죽은 다음에도
썩지 않을지 모른다
풀숲에서 열매를 주워 먹은 짐승이 벌벌벌 떨며
급사할지 모른다

목에 수갑이 채워진다
여름 내내 거울은 안개 낀 등만 보여준다
바닥에 누워 뒤통수에 고인 깍지를 풀면
퉁퉁 불은 눈알이 손바닥에 구른다

약을 먹지 않기 위해 약을 먹을지 모른다
잊기 위해 못 잊을지 모른다
미치지 않기 위해 벌써 미쳤는지 모른다
404호 독방
깔깔거리며 바람이 분다

누가, 옆집 초인종을 누르고 있다
딱딱한 콘크리트 상자가 줄어든다
유기한 아이가 따라다닌다, 훗날

내 발목을 잡을지 모른다, 그날 때문에
미리 기도하는지 모른다

몸을 둥글게 만 알약이 창에 떠 있다
입속으로 주먹이 들어온다

코넬리아디란지*

1.
울어도, 웃어도
식도가 막혀 죽는다고 잘못 알려진 병*

로또 맞는데

시원하게 웃으면
급사라는 거

2.
눈사람에게 입술을 붙이던 아이는 돌아가고
방이 공터만큼 넓어진다

꿍친 담뱃갑처럼 마주앉은 눈사람과
여기저기를 찌른다

질문 같은 구멍들은

맹인이 오래 만진 점자처럼

모서리가 닳아간다

아싸,

이봐요 커튼 뒤 당신, 그만

나오세요, 아시다시피 내 꿈이 그랬죠 손 하나는 할머니 손에 넣고 하나는 엄마 손에 넣고 깡충깡충 뛰는 소녀 뒤를 따라왔던가요 그것이 노랗게 곪은 달이던가요 나를 낳고 귀신이 된 엄마와 키워놓고 귀신이 된 할머니 뒤를 졸졸 따라온 것이 당신이던가요 강을 건너고 나뭇가지에서 뛰어내리던 당신은 열두 꼬리로 풀잎들을 쓸다가 차마 눕히지 못하고 일어나라 일어나라 흔들던

지금은 괜찮으신가요 혼잣말을 하다 계단에서 넘어져 팔다리가 부러진 당신이 절뚝절뚝 골목 끝으로 사라지는 것을 자주 보았어요 귀가 터질 듯이 고요한 이 방에서 내가 잠든 동안 머리맡에 앉아 내 눈두덩을 한없이 핥다가 떠나시겠지만 눈뜨면 고요가 귀를 다 파먹은 뒤라서

당신은 당신 꿈속으로 돌아가고 나는 내 꿈으로 다시 돌아와 봉인 풀린 웃음을 물고 가볍게

어떻게든 가볍게, 아싸

목련

항문을 맞대고
성기가 식기를 기다리는 개처럼

지친 혀를 내밀고 있는 미친
저 남자처럼

피를 받아먹으며
가랑이를 열던 그녀처럼

필사의 힘으로
그때처럼

엄지 한 개로 코를 풀 때처럼
바닥에 척, 달라붙은

문장처럼

개미들이 꿈틀거리는 지렁이를 끌고 간 뒤

남은

행간처럼

우로보로스

내 장례식의 첫 번째 노래. 후렴구에는 도돌이표. 분홍 카네이션을 달고 버선을 신는다. 바람이 적당한 높낮이를 가질 때 목 하나 걸어두고 발뒤꿈치를 끄덕여보는 것.

턱받이를 두르고 아침마다 버젓이 살아나는 태양을 접시에 담고 잘 익은 부위부터 자르면 달콤한 당신의 핏물, 구름과 오솔길까지 넣은 스프를 번갈아 뜨면서

그리하여 몇 광년의 별을 쪽쪽 빨며 우리가 태어난 별을 향해 손을 흔드는 것. 손가락에 끼운 볼펜을 흔들 때처럼 가벼운 생일상을 차린 오늘밤, 큰 별 몇 켜두고 손뼉을 치면서 내 입에 너의 혀를 넣고 부르는 무중력 노래, 꼬리에 꼬리를 물고 돌아가는

바닥은 뜨거워지고

흰 달과 검은 달이 깨금발로 뛰어다닌다

>

튀어나온 검은 건반이
들어가지 않는다

스키드마크

문방구에 간다 노란 고무줄로 당신을 여러 겹으로 묶는다 벽에 건다 광대뼈가 튀어나온다

폭탄을 세일하는 날 철물점에 간다 생각나지 않던 당신이 생각나지 않는다 생각나지 않는다는 것을 그때 안다 천천히 걷는다 끝까지 생각나지 않는다 그렇게 생각한다

당신을 사러 문방구에 간다 문방구에서 문방구가 생각난다 손이 노란 고무줄을 쥔다

비닐봉지에 당신을 담아온다 당신만 보이지 않는다 당신 머리카락을 쥐고 노란 고무줄로 묶는다 묶는 손이 당신 손일 거라 생각한다 눈이 내린다 백지다

해설

서정적 거리—삶의 또 다른 방식

김영임(문학평론가)

'나'와 1톤 트럭의 간격

1톤 트럭이 뒷다리를 질질 끌며 업혀가고 있다 페인트가 벗겨지고, 측면 유리창이 깨어진 채로 붙어 있다 오른쪽 와이퍼가 꼿꼿하게 세워져 있다 일그러진 면상 밑, 마스크 같은 번호판에 뭉친 빗물들이 떨어진다 신호등 앞에 멈춰 부들부들 떨고 있다 지면에서 하늘로 빗방울이 격렬하게 튀어 오르고, 한쪽 와이퍼가 연신 앞을 걷어내고 있다 사이사이 길이 보인다 가로수와 건물 하반신이 한 방향으로 흘러간다 하늘이 제 뺨을 야무지게 후려친다 두 쪽으로 짧게 갈라진다 검은 하늘과 검은 땅 사이로 빠진 눈알을 덜렁거리며 트럭이 간다 간격을 유지하며

밀리듯이, 밀리듯이 사라진다

오유균 시인의 「엔드밀이 부러졌다」 전문이다. 이 시의 주된 전략은 묘사다. 물론 "뒷다리를 질질 끌며 업혀가고 있다"나 "빠진 눈알"과 같은 활유법에는 1톤 트럭에 투영되어 있는 시적 화자의 심정이 순간순간 드러나기도 하지만, "일그러진 면상" 또는 "부들부들 떨고 있다"와 같은 표현은 충분히 사물의 상태를 사실적으로 묘사하는 문장으로 읽어도 무리가 없다. "하늘이 제 뺨을 야무지게 후려친다"라는 문장 정도가 시적 화자의 내적 상태를 직접적으로 드러낸다고 할 수 있을 정도로, 우연히 목격하게 된 폐차 수준의 1톤 트럭에 대한 사실적 묘사가 주를 이루고 있는 시다. '대상'과 '주체', 즉 1톤 트럭과 이를 지켜보는 시적 화자 간에는 '둘 사이의 거리 좁힘', 즉 '거리의 서정적 결핍(lyric lack of distance)'의 기미가 보이지 않는다. 존 듀이는 자아와 세계(대상)의 만남이 동일성으로서의 만남으로 연결될 때 시의 미적 체험[1)]이 이루어진다는데, 오유균 시인의 많은 시들은 시적 주체와 대상 사이의 거리가 일관되게 유지되는 것으로 읽힌다. 혹시 시인은 거리 좁히기 또는 동일시를 획득하는 것에 실패한 것일까?(물론 자아와 세계의 조화가 더 이상 유일한 시적 비전이 아닌

1) 김준오, 『시론』, 삼지원, 2002년, 28쪽 참조.

시대지만 말이다.) 시인이 실패한 것으로 답을 내리기에는 비에 흠뻑 적은 트럭의 뒷모습을 보여준 이 단순한 시가 남긴 잔상이 너무나 강렬하다.

수전 손택(Susan Sontag, 1933~2004)은 『해석에 반대한다』[2]라는 저서에서 "해석은 지식인이 예술에 가하는 복수다. 아니 그 이상이다. 해석은 지식인이 세계에 가하는 복수다. 해석한다는 것은 '의미'라는 그림자 세계를 세우기 위해 세계를 무력화시키고 고갈시키는 짓"이라며 기존의 비평들을 강하게 비판한다. 그리고 비평이 예술작품에 이바지하기 위해서는 예술의 형식에 더 주의를 기울일 것과 예술작품에 대한 감각적 경험에서부터 시작할 것을 역설(力說)한다. 지식인의 기준은 차치하더라도 비평이 형식에 더 주의를 기울여야 한다는 손택의 첫 번째 강조점에 동의한다면 오유균 시인의 주체와 대상 간의 거리 두기는 좀 더 면밀하게 읽어내야 될 것 같다.

또 다른 '나', 침조기 또는 W 507 또는 머리 또는……

뚝배기 안, 토막 난

---

2) 수전 손택, 이민아 역, 『해석에 반대한다』, 이후, 2002년, 19~34쪽.

침조기가 제 몸을 우려내고 있다
벌건 고춧가루 밑에서
뾰족한 이빨을 드러내고 부글부글
웃고 있다, 남은 한쪽 눈으로
쭉쭉 빠는 눈을
올려다보고 있다
(……)
발목뼈가 옆구리에 붙고 머리뼈가
엉덩이에 붙는 순간순간을
골수 들어가는 입을
허연 눈알이, 끝까지
보고 있다

떠낸 거죽으로 눈알을 덮어두고

나는, 후— 후— 누군가의 거적을 들추고 있다

—「간국」 부분

이 시 역시 앞에서 읽은 「엔드밀이 부러졌다」와 유사한 언술이다. '간국'은 보통 남은 제사 음식으로 끓이는 짭짜름한 경상도 음식이다. 이 시의 대상인 침조기는 제사에 쓰이고 나서 냉장고에서 구르다가 마지막에 간국으로 상에 올랐을 것이다. 시적 화자인 '나'는 뚝배기 안의 침조기를 자세히 들여다보고 있지만, 침조기와 '나' 사이에도 앞의 1톤 트럭과 시적 화자 사이에 유지되었던 간격이 놓여 있다. 표면적으로 드러난 문장들 안에서 침조기와 '나' 사이의 거리는 좁혀지지 않는다. 독자는 시 안에서 주체와 대상 사이에 놓여 있는 이러한 단절을 느끼는 순간 자신도 알지 못하는 사이 그 비어 있는 공간으로 미끄러져 들어간다. 주체와 대상이 합일을 이루지 못한 대신 둘 사이의 거리는 시 안으로 독자를 끌어와서 고유한 위치를 지정해준다. 이제 독자는 1톤 트럭이나 침조기가 대상이면서 동시에 시적 주체의 또 다른 분신이라는 것에 어렵지 않게 동의한다. 침조기는 이중 삼중으로 골수까지 빼 먹히는 세상의 누군가이면서 동시에 '나'이기도 하며, '나'는 침조기이면서 동시에 침조기의 골수까지 빼 먹는 누구이기도 하다.

오유균 시인은 이렇듯 시 안에서 대상을 독특한 방식으로 소환한다. 밀링장비를 소재로 한 「W 507」의 경우 역시 "칼로 깎고 고무망치로 치고 쇠망치로 치며/사랑한다는 거, 서로를/먹으면서 허기진다는 거"를 알면서도 "타임캡슐에 마주앉은 우리"는 "서로를 모른 척"한다. 「오래된 정면」에서는 '머리'라는 시어가 반복적으로 등장한다. 아마도 정황상 머리 중 하나는 '돼지머리'이며 또 그것과 정면으로 응시하는 여러 '머리'가 있다. 그 복수의 '머리'라는 대상이 만들어낸 언술에서 형성되는 주체는 어느 '머리'에도 개입하지 않지만, 동시에 복수의 '머리들' 그 자체이기도 하다. 이처럼 그의 시 안에서 대상은 자아의 투영이지만 그 방식은 전통적 서정과는 다르다. 전통적 서정처럼 대상과 주체가 동일시를 이루는 것이 아니라 대상은 시적 화자의 분열된 자아로 작동하면서도 그 사실을 드러내지 않는다. 대상은 삶의 추함, 고통, 어둠을 온몸으로 받아내는 역할을 하면서 시적 화자의 자아와 끈끈하게 연결되어 있지만, 표면적으로 드러난 언술 안에서 둘은 일정한 거리를 유지하면서 서로 교차되지 않는다. 시에서 드러난 이런 자아의 분열과 대상과의 거리는 삶 안에서 또렷하게 (세상 또는 대상과) 자기를 분리시키고 있지만 이것은 결코 삶을 외면하는 화법이라고 할 수 없다. 이것은 삶을 더 명징하게 바라보고 그것의 실체를 냉정하게 인정하기 위한 전략에 가깝다.

"개좆같은", "그래도 나의 하느님" 그리고 삶

아침마다 벌건 미주알을 꺼내는 하느님
술독 때문에 치질을 앓는 하느님
산에 걸터앉아 나무들 이파리에
피똥을 묻히는 하느님
아침마다 회사 정문에 세워놓고

안전수칙 잊지 말고 온몸으로 실천하자
품질 없는 세계일등 바람 앞의 촛불이다
(……)

기어 내려와라, 현혹시키지 말고

술잔 속을 내 머리통으로 가득가득 메우는 하느님
개새끼야 한판 붙자, 식어가는 찌개에서 둥둥 뜨는 하느님
꺼지라고 하기 전에 잘도 꺼지는 하느님, 내가
푹푹 쑤신 젓가락을 꽂은 채

도망간 하느님, 그래도
그래도
나의 하느님

—「무연고 하느님」 부분

시의 '하느님'은 차라리 망나니에 가까운 형상이다. "나무들 이파리에 피똥을 묻히"거나, 인간을 굽어 살피고 그들에게 위로와 힘이 되는 것이 아니라 회사 정문에서 노동을 장려하는 자본주의의 상징으로 이용되거나, 현실에 대한 고통을 호소하는 인간들 앞에서는 모습을 감추고 "꺼지는" 하느님이다. "무연고 하느님"은 삶의 더러운 단면들을 자기 몸 안

에 품고 있으면서도 신이라는 위치를 이용해 인간을 현혹시키는 존재다. 시적 화자는 그런 하느님을 욕하고 비난한다. 이런 화자의 입장 안에서 세상과의 화해는 이루어질 수 없다. 그렇다고 시적 화자는 자신을 세상 밖으로 소외시키는 방법을 택하지도 않는다. 삶이자 세계인 하느님에게 젓가락을 푹푹 쑤셔 넣고 "개새끼야 한판 붙자"고 시비를 걸지언정 시적 화자는 있는 그대로의 하느님(세상)과 공존한다. 「글라스캣피시」에서도 "말기 암을 앓는 나"가 있고, 그런 '나'를 "선물용 베지밀을 들고" 병문안을 하는 또 다른 '나'가 있다. "까맣게 말라 있는 나를 나는 위로하지 않는다 침대에 붙은 보호 철재를 붙잡고 기도하지 않는다". 시인은 있는 그대로의 세상을 받아들인다. 오유균 시인은 세계와의 동일시를 이루기 힘든 현대사회와 화해를 시도하거나 그런 세상을 탈주하려는 시도들이 가질 수 있는 기만을 용납하지 않으려는 듯 보인다. 혹여 시인의 이러한 태도는 경우에 따라서는 순응적으로 비춰질 수도 있지만, 세상을 향한 가장 솔직한 태도의 하나라는 데 누구 하나 이견을 달 수 있을까. 그가 보여주는 대상과 주체 사이의 거리는 그래서 이유가 있는 형식이다.

유년의 유토피아는 없다

달덩이가 창에 붙어 누런 진액을 흘렸다 어머니는 마른 풀잎 같은 기침을 자주 뱉었다 그때마다 등잔불이 가늘게 흔들렸다 밤이면 대숲이 빈 몸으로 울었다 돌아누운 어머니 등은 무덤처럼 둥글고 검었다

해 질 무렵, 어머니는 마을로 내려가 기울어진 달을 이고 올라왔다 휘어진 산길을 돌아서면 바람이 나무숲에서 스스슥 소리를 내었다 산새는 검고 깊게 울었다 부른 노래를 또 부르며 어머니 옷자락을 잡고 걸었다 가끔씩 바구니에 담긴 달이 흘러 어머니 얼굴에 줄을 쳤다 내가 아는 노래는 너무 짧았다

낯선 도시 떠다니는 동안 닿지 않는 나를 향해 줄을 내리고 기어 다니며 기다림을 익혔다 허공에서 길을 놓친 그날, 햇빛이 들지 않는 습한 방에 담겨 둥글고 검은 울음을 울었다

골목 돌아서서 벽을 후려칠 때
낮게 걸려 있는 집 한 채
털을 박고 체액을 빨고 있는 내가 보인다
어머니가 몸을 푼 집
오그라드는 몸에서 내린 저, 질긴
줄

—「흑잔등거미」 전문

시인의 거리 두기는 어머니와의 기억을 소재로 한 시에서 무너진다. 시인의 등단작이기도 한 「흑잔등거미」에서 시적 화자는 시의 대상으로 등장하는 '어머니'와 거미줄로 질기게 연결되어 있다. 「입속의 바늘」에서도 '나'는 어머니의 입속에 깊이 박혀 있는 "휘어진 바늘"이다. 어머니를 소재로 하고 있는 작품들의 경우는 앞서 언급한 시들처럼 독자가 미끄러져 들어갈 틈이 주체와 대상 간에 존재하지 않는다. 어떤 방식으로든 '거리의 서정적 결핍(lyric lack of distance)'이 발생한 것이다. 하지만 이 '거리의 결핍'이 세계와의 동일시 회복을 자동적으로 이끌면서 시의 미학이 성취된 것은 아니다. 정신분석학에서 흔히 아이와 어머니의 이자관계(二者關係)는 상상적 팔루스 또는 아버지가 개입하기 전의 상호적이며 대칭적인 특징을 갖는 단계로 설명된다. 그런 까닭에 유년 시절의 어머니와 아이의 관계는 문학 작품 안에서 성장한 어른들이 잃어버린 영원한 이상향의 이미지로 그려지는 경우가 많다. 하지만 오유균 시인의 작품 안에서 어머니와의 기억은 과거에 두고 온, 잃어버린 유토피아적 시간과는 거리가 있다. 시적 화자의 기억 속에 어머니는 "무덤처럼 둥글고 검"은 등을 가졌고, "부른 노래를 또 부르며 어머니 옷자락을 잡고 걸"었던 산길은 "바람이 나무숲에서 스스슥 소리를 내었"고

"산새는 검고 깊게 울었다". 성장한 후에도 어머니는 "낯선 도시 떠다니는 동안 닿지 않는 나를 향해 줄을 내리고" "오그라드는 몸에서" "저, 질긴/줄"을 내리고 있다. '어머니'는 '나'에게 "질긴/줄"로 연결되어 있는, "깨물면 깨물수록 깊어지는" "입속의 바늘" 같은 존재다.

어쩌면 시인이 세계와의 화해를 통해 동일성 회복을 기대하지 않는 것은 동일성의 원형인 '에덴'[3]에 관한 향수가 없어서일 수도 있다. 전통적 서정 시인들은 '과거의 기억' 안에서 세계와의 합일을 이루어내기 위해 어머니와 연결된 요람의 기억을 소환한다. 하지만 '어머니'를 통해 '내'가 보는 것은 "턱을 박고 체액을 빨고 있는"(「흑잔등거미」) 어린 시절의 모습이거나 "치렁치렁한 머리카락이 내 목을 향해 있"는, "눈도, 코도, 입도 없"(「4.49층」)는 여자의 모습이다. 대신 "질긴/줄"과 "입속의 바늘"로 강력하게 연결되어 있는 이 이자관계(二者關係)들은 어느 무엇보다 세상과 삶의 중앙에 시적 주체를 고정시키는 역할을 한다. 오유균 시인이 화해와 탈주 양쪽에 숨겨져 있는 기만을 꿰뚫어볼 수 있는 것도 '어머니의 질긴 줄'과 '바늘'이 주는 아픔 때문일지 모른다.

3) 김준오, 앞의 책, 361쪽.

지켜볼 때가 있다

눈이 와 있다
눈 위를 밟고 간 발목들이 푹푹 빠져 있다

빠진 발목을 뽑아
다음으로 걸어간 발목

한 걸음, 한 걸음
처음으로 돌아올 발목이 있다
빠진 자리마다

깊고 검은 웅덩이가 있다
고양이, 개의 발목 곁에 내 발목을 꽂고도 가끔

아무 생각 없이 중심을 뽑을 때가 있다

눈이 발목을 덮는 동안을
지켜볼 때가 있다

—「돌아올 발목」 전문

손택의 말을 다시 빌리자면 "작가의 개성 강한 스타일은 작품의 유기적 요소이지 단지 '장식적' 요소로 끝나버리는 것이 아니"[4]라는 생각에 우리 모두 동의하지 않을 이유가 없다. 시집을 읽으면서 가장 강한 의문으로 다가왔던 것이 바로 대상에 멈춰 있는 주체의 시선이었다. 왜 주체는 대상으로 다가가는 노력 없이 거기서 멈춘 것인가. 시인은 주체의 시선을 멈추면서 독자를 위한 여백을 남기고, 그 형식을 통해 자신이 세상과 삶에 대해 가지고 있는 태도를 보여줬다. '거리의 서정적 결핍(lyric lack of distance)' 대신 '서정적 거리두기'라는 시인의 스타일은 세상과 삶이 화해나 탈주라는 방식으로 회복되거나 극복될 수 있다는 환상을 믿지 않는 솔직한 세계관을 드러내 보였다. 삶은 그저 그 자리에 있고, 우리도 같은 자리에 머물 뿐이다. "빠진 발목을 뽑아/다음으로 걸어간 발목"이지만, 그 발목은 "한 걸음, 한 걸음/처음으로 돌아올 발목"이다. 이 글의 해석이 손택이 비웃은 '예술에 가하는 복수'가 아니었길 소망해본다.

4) 수전 손택, 앞의 책, 36쪽.

이 도서의 국립중앙도서관 출판시도서목록(CIP)은 서지정보유통지원시스템 홈페이지(http://seoji.nl.go.kr)와 국가자료공동목록시스템(http://www.nl.go.kr/kolisnet)에서 이용하실 수 있습니다.(CIP제어번호: CIP2018009440)

시인동네 시인선 091

리셋

초판 1쇄 발행 2018년 4월 9일
초판 2쇄 발행 2018년 7월 20일
지은이 오유균
펴낸이 고영
책임편집 서윤후
디자인 헤이존
펴낸곳 문학의전당
출판등록 제2017-000002호
주소 서울시 마포구 마포대로 11길 91, 3층
전화 02-852-1977 팩스 02-852-1978
전자우편 sbpoem@naver.com

ISBN 979-11-5896-366-8 03810

* 이 시집은 울산문화재단 2018 예술창작 발표지원 사업의 일환으로 제작되었습니다